AQÜITÍN

REVISTA EDUCATIVA MEDIOAMBIENTAL

DEL AGUA Y LA NATURALEZA PARA NIÑOS
No 4

AUTORA: YOLANDA MA. JORGE BESTEIRO
ILUSTRADOR: ADOLFO LÓPEZ MEJÍA

1

Temas: AGUA Y CAMBIO CLIMÁTICO

No 1-Curiosidades sobre el planeta tierra. "La huella Hídrica ¿Sabías qué?

No 2-Conoce el lugar donde vives.. Cambio Climático, curiosidades de los Incas.

No 3- Recomendaciones para la reducción de la emisión de gases invernadero.

No.4- Frases célebres de Aqüitín

No.5-Relato Los Castores del Elba.

No.6-Familiarízate con" los conceptos de Aqüitín.

No.7- Temas sobre el agua y biodiversidad.

No.8 Aprende más Efecto invernadero.

No hay nada mejor que educar para construir un mundo mejor para todos"

Sección 1.
Curiosidades sobre el planeta tierra. La huella Hídrica

¿Sabías que El planeta tierra está cubierto en un 70 % de agua. De esta agua, el 97% está en los océanos en forma de agua salada, y el 3% restante está en los glaciares en forma de hielo, y sólo menos del 1% es agua consumible, aproximadamente 160 millones de km3, aunque no toda está disponible para para los seres vivos. Pues una parte que se corresponde con el 10% se encuentra a 750 metros bajo la superficie de la tierra, y 2000 m3 por año están a salvo de la contaminación o el deterioro con agua salina.

Aunque estemos mencionando muchos números quiero que se queden con la idea principal de que el porcentaje de agua útil disponible para los eres vivos es muy pequeño, de manera que, si no cuidamos el agua, la despilfarramos o la contaminamos, estaremos caminando hacia el fracaso y la muerte de la humanidad en un futuro no lejano.

¿Qué es el agua?

Todos sabemos qué es, pero podríamos definirla?

El agua es una molécula formada por dos átomos de hidrógeno y uno de oxígeno.

¿ Y qué es una molécula?

Es la partícula más pequeña que compone una sustancia, y tiene las características y propiedades físicas y químicas de la misma.

Los átomos que forman las moléculas pueden ser iguales como los del oxígeno que tiene dos átomos iguales de oxígeno O2, o diferentes como en el caso de la molécula del agua que tiene dos de hidrógeno y uno de oxígeno formando su molécula.

Sabías que.. El agua es el mejor disolvente que existe, en ésta se transportan sustancias dentro del cuerpo humano y no sólo hablamos de los alimentos, también compuestos químicos dentro de las células y tejidos, y todos los eres vivos necesitan agua, tanto animales como plantas.

Pues a todo esto, hay que agregar que sin agua no es posible la vida, podemos estar sin comer varios días, pero no es posible sobrevivir ni tener buena salud sin beber agua, además, que el agua no sólo se utiliza como bebida, sino también en los sectores industriales, sectores agrícolas, de energía y en usos domésticos. Con lo cual es indispensable hacer un uso racional del agua, para que sea eficientemente aprovechada al máximo sin desperdiciarla.

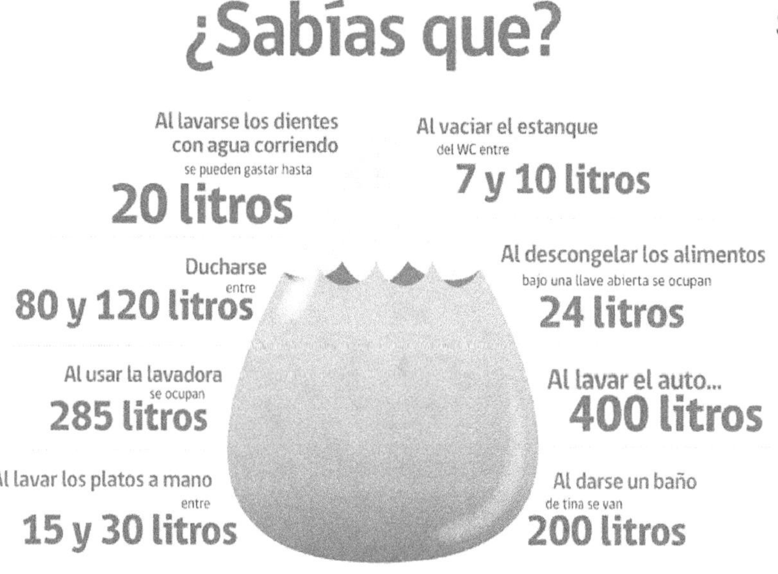

La huella hídrica es el término que se maneja para referirse al total del agua utilizada por el hombre.

¿Qué es la Huella Hídrica?

Es el volumen total de agua que se utiliza para la producción de productos y servicios.

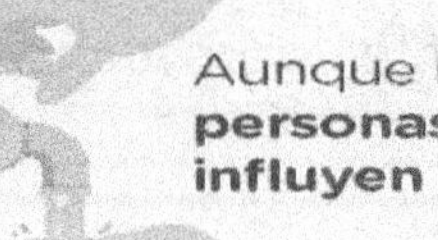

y todos los factores que intervienen para llegar al **producto final:**

Algunas de las funciones del agua en los seres vivos:

- Favorece el mantenimiento de la temperatura corporal adecuada del cuerpo en humanos y animales.

- Es indispensable para la realización de la fotosíntesis de las plantas, en las que además de obtener energía, fija el CO2 y expide O2. Y este O2 liberado es de los mayores aportes de O2 en la corteza terrestre, necesario para la vida de los seres humanos y animales en la tierra.

- Constituye el hábitat de infinitas especies acuáticas y marinas.

-

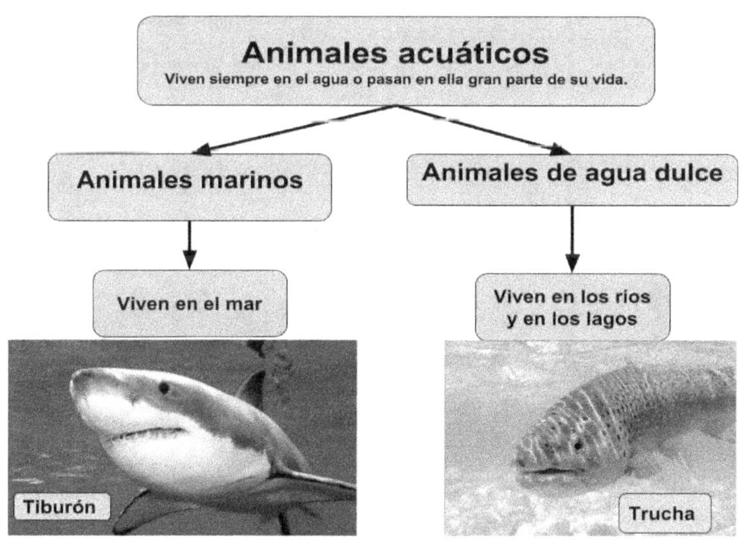

¡Consumo de AGUA de
los animales en el campo!
26-66 Litros/Día
15-45 Litros/Día
4-15 Litros/Día
11-19 Litros/Día
0.2-0.4 Litros/Día

Las plantas necesitan también el agua para vivir.

Disponer de agua potable es un derecho humano.

¿Crees que los seres humanos y animales terrestres podemos consumir agua salada como bebida si no encontramos agua dulce?

No, verdad. Si la consumimos, nos deshidrataremos y moriremos.

La tecnología para desalinizar el agua y hacerla potable o al menos, con un mínimo de calidad adecuada para ser consumida por los humanos o utilizada en áreas de riego de cultivos agrícolas es también costosa.

La lluvia y las nevadas reciclan 500 billones de m3 por año, pero ¾ partes de estas precipitaciones (37.5 billones m3) caen en los océanos salinos y en los mares, aunque 1.25 billones de m3 por año se precipitan en tierra firme".

Es importante que conozcas que podemos ayudar a evitar la evaporación masiva del agua de la superficie terrestre y ¿cómo? Sembrando grandes áreas de bosques, reforestando. Todo lo contrario, a lo que el hombre hace, pues la tala de árboles indiscriminada del hombre destruye los ecosistemas y hábitats de muchos animales, además de favorecer la pérdida de calidad de los suelos y la fuga de agua a la atmósfera.

Y añade a todo esto, lo complejo y costoso que es el manejo y la distribución del agua para el consumo humano, el coste de traer agua a las superficies urbanas y metropolitanas hasta donde vivimos.

Es necesario hacer una gestión sostenible del agua, puesto que el agua es un bien de todos, no es justo que mas de 663 millones de personas no cuenten con agua potable cerca de sus casas, y que mas de 842 mil muertes cada año sean debidas al consumo de agua no potable combinada con la falta de higiene.

Alrededor de 1800 millones de personas en el mundo usan agua contaminada con materia fecal como agua de consumo pudiendo contraer enfermedades como disentería, cólera, tifus, polio. Y como dato adicional que manifiesta el desastre, sabemos que más del 80% de las aguas residuales, vuelven al ecosistema sin ser tratadas. **¡Qué desastre!**

<u>Nuevos conceptos:</u>

La **sublimación** es el proceso de cambio de estado sólido a estado gaseoso sin pasar por el estado líquido. Al proceso inverso, es decir, al paso directo del estado gaseoso al estado sólido, se le denomina **sublimación** inversa o desublimación.

Un **manantial**, naciente o vertiente es la fuente natural de **agua** y no el **agua** que brota de la tierra o entre las rocas. Puede ser permanente o temporal. Se origina en la filtración de **agua**, de lluvia o de nieve, que penetra en un área y emerge en otra de menor altitud.

A continuación, puede verse muy bien todos los caminos que puede seguir el agua en la tierra, el ciclo hidrológico del agua. Algunos no los trataremos en esta edición de la revista por ser contenido más especializado, pero otros, sí conocemos y hemos hablado antes y podéis trabajarlos con las maestras en clases: Precipitación, evaporación, condensación, sublimación, escorrentía o escurrimiento, agua subterránea almacenada, manantial.

Ciclo del Agua en la tierra.

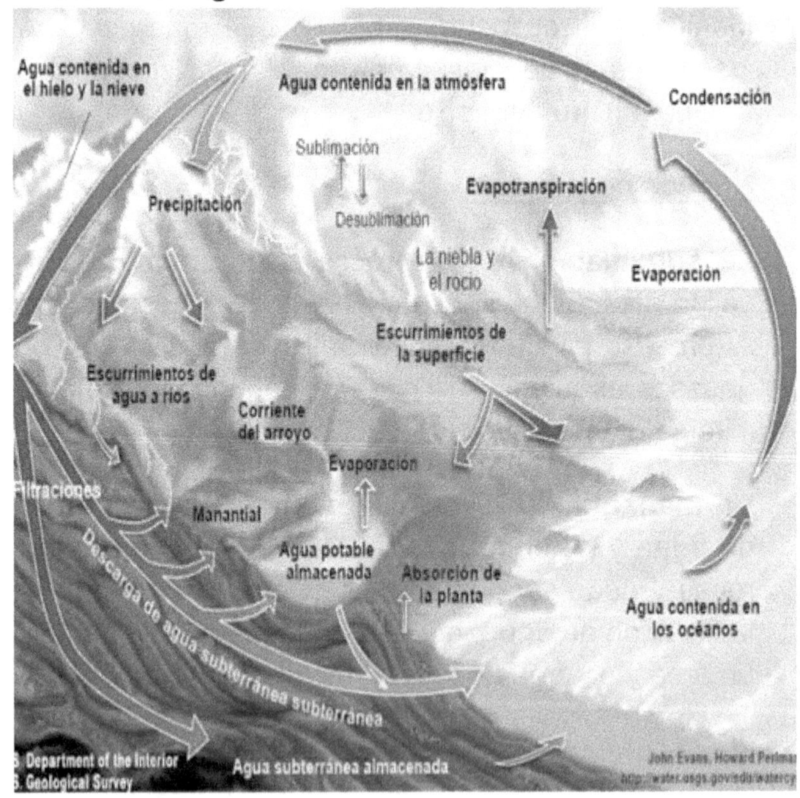

Sección 2 Aprende y conoce el medio en que vivimos.

¿Qué sabes sobre el cambio climático?...

Actualmente es un hecho científico que el clima global está siendo alterado significativamente como resultado del aumento de concentraciones de gases invernadero. Estos gases están atrapando una porción creciente de radiación infrarroja terrestre y se espera que harán aumentar la temperatura planetaria.

Asociados a estos potenciales cambios, habrá grandes alteraciones en los ecosistemas globales. Trabajos científicos sugieren que los rangos de especies arbóreas, podrán variar significativamente como resultado del cambio climático global. Por ejemplo, estudios realizados en Canadá proyectan pérdidas de aproximadamente 170 millones de hectáreas de bosques en el sur canadiense y ganancias de 70 millones de hectáreas en el norte de Canadá, por ello un cambio climático global implicaría una pérdida neta de 100 millones de hectáreas de bosques y estos son sólo algunos de los cambios globales que nos esperan.

Sabías que cerca de 200 millones de personas corren riesgo de ser desplazadas de aquí al 2050 debido a que el cambio climático podría causar un alza en el nivel del mar, escasez de agua dulce y reducción de capacidades agrícolas en algunas regiones del planeta.

El cambio climático constituye una amenaza directa a la capacidad de los niños para sobrevivir, crecer y prosperar. UNICEF 2021.

Fenómenos meteorológicos extremos como los ciclones y las olas de calor, que cada vez son más frecuentes e intensos, ponen en peligro las vidas de los niños y amenazan con destruir infraestructuras esenciales para su bienestar.

Las inundaciones ponen en riesgo las instalaciones de abastecimiento de agua y saneamiento, favoreciendo la aparición de enfermedades como el cólera, al cual los niños son particularmente vulnerables.

Las personas menos responsables del cambio climático son los niños; sin embargo, ellos sufrirán las peores consecuencias.

Sabías que...los diez años más calurosos han sido desde 1980.

•Los tres gases causantes directos del cambio climático son el dióxido de carbono, óxido nitroso y el metano estos son responsables del calentamiento global producidos por quemar combustibles fósiles. Durante el último siglo el nivel de dióxido de carbono en la atmósfera ha aumentado en 25%, el óxido nitroso un 19% y el nivel de metano en 100%.

•No sabias que. La temperatura media de la superficie terrestre ha subido entre 0,3 y 0,6 grados centígrados y para el año 2100 podrían ser 3,5 grados centígrados y el derretimiento de los casquetes polares y glaciares podría causar un aumento en el nivel del mar de hasta un metro para el año 2100. Quedando sumergidas naciones enteras.

Los hombres somos los únicos responsables del desastre. Es increíble, pero a pesar de que deben reducirse las emisiones de estos gases en 50 y 70% estas van en aumento.

Desde nuestra revista somos conscientes que desgraciadamente no podemos hacer nada ya para cambiar la triste realidad que se avecina pues es un hecho, pero sí podemos ralentizar y disminuir sus efectos. Aunque para todo el planeta el desenlace es funesto, más injusto aún será para los que se llevarán la peor parte los pobres de la tierra, cuando las consecuencias sean evidentes.

Algunas consecuencias en América:

Las poblaciones indígenas de América que viven de sus ríos y que tanto han aportado a la civilización contemporánea pueden desaparecer de la faz de la tierra.

<u>Podemos aprender de nuestros ancestros</u>:

Recordemos que la cultura Inca nos demostró cuánto habían aprendido de la naturaleza con sus obras hidráulicas.

Las obras hidráulicas de hoy en día debieran tomar apuntes de las grandes obras hidráulicas que hace la naturaleza sin coste alguno, como es el caso de las cascadas, donde el agua que cae desde tanta altura se va purificando con el oxígeno del aire en su caída, así el agua cuando llega al suelo está completamente limpia de impurezas, lista para beber.

En la antigüedad los indios de América en particular los pertenecientes al vasto imperio Inca hacían maravillas observando a la naturaleza para lograr abastecerse de agua y usarla en la agricultura.

De ello dependía la sobrevivencia de todo el imperio y su gran desarrollo y éxito económico y social en gran medida se lo debían al uso racional e inteligente de los conocimientos adquiridos de la naturaleza y su puesta en práctica.

Muchas técnicas usadas hoy en día tales como pozos, represas y canales que incluyen la captación, la transmisión, la reserva y la distribución del agua de los ríos, lagos o lluvias, para uso del hombre y los animales domésticos, así como para el riego de los terrenos agrícolas fueron utilizados por este gran pueblo hace cientos de años.

Curiosidades

La primera represa hidráulica que se conoce en México, la presa Mequitongo, situada en el valle de Tehuacán, parece haberse construido en el año 700 a.C.

La superficie cubierta por esa represa se ha calculado en 2.38 hectáreas y el volumen de agua retenida en unos 37,000 metros cúbicos. De modo que muchas veces creemos que superamos con creces la sabiduría de los indígenas, pero nada más lejos de la realidad en lo que se refiere al agua, más bien debiéramos aprender de ellos.

Imperio Inca.

En el valle de Teotihuacán, en el año 100 a.C. existía un sistema de canales, tanto para riego como para control del agua de lluvia. La construcción de diques era otra de las obras hidráulicas más usadas por los Incas para desviar las aguas de los ríos y aprovecharlas conducidas por canales, en terrenos situados a la orilla de los cauces.

En los años 700 de nuestra era, se construyó el acueducto Xiquila, en la zona de Tehuacán, con grandes conocimientos matemáticos para elaborar una plataforma o terraza donde colocar el canal y así lograr la pendiente requerida.

18

Todas esas obras de Ingeniería hidráulica prehispánica permitían el mejor rendimiento de los cultivos. Los Incas con su sabiduría lograban a la vez de abastecer de agua dulce a su pueblo y a su agricultura, evitar la erosión de sus suelos. Justamente esto último, aún en nuestros días con el desarrollo económico agrícola que contamos no somos capaces de evitar.

Las terrazas son unas de las mejores obras de ingeniería que nos legaron los Incas, esta maravilla de su ingenio permite aprovechar mejor el agua desde niveles diferentes de altura y caer escalonadamente para ser más eficiente su escalonadamente con un mejor aprovechamiento por los cultivos de esta agua y arrastre de minerales en su suave caída, evitando además las inundaciones a nivel superficial, que ahogan a las plantas.

Pues ya sabemos que el agua es indispensable para la vida, pero el exceso de esta también puede ser dañino para muchos cultivos.

En la siguiente imagen podemos apreciar la maestría en el diseño de una terraza realizada por los Incas. La maestría de los Incas no se quedaba ahí, también hacían complejos drenajes, tanto en los valles costeros como en los de las montañas para proteger los cultivos de las lluvias torrenciales e inundaciones

También los incas construían unas hondonadas o depresiones artificiales, llamadas cochas, que se abrían en el terreno para acumular el agua de las **lluvias, en las zonas de las tierras altas.**

Como pueden apreciar una cocha es muy parecida a lo que hoy conocemos como embalses, donde se almacena agua para el momento en que se necesita.

Cocha Inca.

Sección 3. Recomendaciones para la reducción de la emisión de gases invernadero.

Para poder explicar en profundidad cuáles son los gases de efecto invernadero primero hay que ir a la raíz y explicar lo que son. Los gases de efecto invernadero son aquellos gases que se acumulan en la atmósfera de la Tierra y que absorben la energía infrarroja del Sol. Esto crea el denominado efecto invernadero, que contribuye al calentamiento global del planeta.

¿Pero, por qué es importante entender cuáles son los gases de efecto invernadero?

Principalmente porque la acción del hombre ha sido crucial en su desarrollo. Por lo tanto, tenemos que entender qué acciones los emiten para poder reducir su efecto nocivo sobre la Tierra.

La Revolución Industrial supuso el inicio de toda una serie de cambios en el tejido industrial que han disparado las emisiones de CO_2. El papel del hombre en el incremento de emisiones de CO_2 impidió que este gas fuera liberado de manera natural, como sucede en las erupciones de volcanes o incluso en los incendios forestales.

Pero hay otros gases de efecto invernadero. Algunos de ellos tienen un origen natural y otros son fruto de la actividad del hombre y son, como el CO2, nocivos para el medio ambiente. A continuación, te presentamos los más importantes.

Los principales gases de efecto invernadero:

El **vapor de agua**. Surge como consecuencia de la evaporación. La cantidad de vapor de agua en la atmósfera depende de la temperatura de la superficie del océano. La mayor parte se origina como resultado de la evaporación natural, en la que no se interviene la acción del hombre.

Dióxido de carbono (CO_2). Si preguntamos cuáles son los gases de efecto invernadero, el CO2 es el primero que viene a la mente. De los gases de efecto invernadero, este es el más importante porque es el que más se asocia a actividades humanas, y el principal responsable de este efecto. La concentración en la atmósfera se debe al uso de combustibles fósiles para procesos industriales y medios de transporte. Su emisión procede de los procesos de combustión (petróleo, carbón, madera) o bien de las erupciones volcánicas o los incendios forestales.

Metano (CH_4). Su origen se encuentra en las fermentaciones producidas por bacterias anaerobias especializadas que se encuentran en zonas pantanosas, cultivos como el arroz y en las emisiones desde el tracto intestinal del ganado. También se produce por los escapes de depósitos naturales y conducciones industriales.

Óxido nitroso (N$_2$O). Gas de efecto invernadero provocado principalmente por el uso masivo de fertilizantes nitrogenados en la agricultura intensiva. También lo producen otras fuentes como las centrales térmicas, los tubos de escape de automóviles y los motores de aviones, la quema de biomasa y la fabricación de nailon y ácido nítrico.

Los clorofluorocarbonos (CFC). Son compuestos químicos artificiales que se encuentran presentes en pequeñas concentraciones en la atmósfera pero que son extremadamente potentes en el **efecto invernadero** que provocan.
Tienen múltiples usos industriales en sistemas de refrigeración, como componentes de aerosoles, producción de aluminio y aislantes eléctricos entre otros.

El ozono troposférico (O$_3$). También originado por la quema de fuentes de energía contaminantes.
La Convención Marco sobre Cambio Climático de las Naciones Unidas (FCCC) que fue firmada en la Cumbre Mundial en 1992 por 162 gobiernos.
Esta cumbre con vigencia actual en 2021 se enfocó en *lograr estabilizar los gases invernadero en la*

atmósfera, lo que prevendría una peligrosa interferencia antrópica en el sistema climático.

En el Reino Unido, se estableció un programa que pretendía lograr ese objetivo a través de la promoción del uso eficiente de la energía, como medio para reducir la generación de dióxido de carbono en todos los sectores de esa nación.

En la generación de energía eléctrica se ha invertido en plantas combinadas de calor y poder, en las que se utiliza la energía calórica que antes se perdía.

En el sector doméstico, se logrará a través de mejoras en el aislamiento térmico de las viviendas y la mejoría de la eficiencia de los aparatos domésticos a través de mejores diseños y mejor uso, como es el caso de la iluminación.

El transporte público, a través de mejoras en la tecnología de los motores, mejor manutención de los motores, cumplir los límites de velocidad y uso más discreto de la aceleración y frenado.
Para que esto se llegue a implementar, es necesario invertir en campañas de educación e información.

<u>Algunas medidas específicas son:</u>

- Mejorar la eficiencia de los automóviles. Se lograría a través de mejor tecnología, alivianando la estructura, mejoras en los motores y transmisión, reduciendo el roce aerodinámico, disminuyendo la resistencia de las ruedas, etc.

- Acelerar las mejoras de eficiencia en el uso energético de industrias, residencias y establecimientos comerciales y públicos, por medio de políticas efectivas.
- Estimular y acelerar la investigación y desarrollo de tecnologías basadas en fuentes de energía de energía renovable.
- Terminar la deforestación y estimular la reforestación.

Molinos de viento que generan energía Eólica.

Frases célebres de Aqüitín.

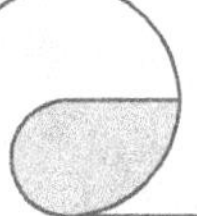

- El cambio climático es la mayor guerra sin mísiles de este siglo que debemos afrontar.
- La mayor injusticia en la tierra es la sed de un niño habiendo tanta agua.
- La sequía es como la tristeza que envejece al alma cuando falta amor.
- América cuna de civilizaciones maestra de la Ingeniería del Agua.
- El color de la tierra agrietada es el reflejo de la Infancia sin luces.
- El agua es la vida misma, el amor es la paz de la tierra

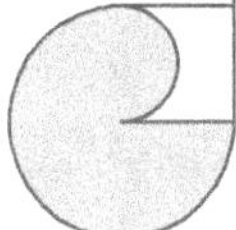

Desde Aqüitín queremos decirle a todos los niños y jóvenes que no os dejéis amedrentar por todas las catástrofes generadas por el hombre hasta hoy.

Los niños no son responsables de estas cosas, pero recibirán las consecuencias igualmente, con lo cual desde nuestra Revista los invitamos a no quedarse de brazos cruzados.

Aprende, Infórmate de lo que sucede a tu alrededor, conoce la problemática ambiental de tu ciudad, pueblo o aldea, y en general del planeta pues estás aprendiendo que es de todos, y lo que sucede en un lugar de la tierra termina afectándonos a todos por distante que estén los demás del lugar de la afectación.

Es necesario estar informados, para saber qué hacer en cada caso, no basta con saber qué o dónde ocurrió, hay que decir lo que se piensa, exponer tus opiniones, exigir a los gobernantes de tu localidad y país que tomen decisiones responsables.

Denuncia, corrige, sugiere, pero necesitas ganar en conocimientos para hacer esto del mejor modo.

Plantéate cuestionamientos de todo lo que te rodea y toma conciencia activa sobre esta temática que afecta a todos los seres vivos, no sólo al hombre.

Si logramos motivarte lo suficiente para que empieces a pensar en todo esto, y hacerlo parte de tu realidad y rutina, nos damos por satisfechos en nuestra Revista.

Porque hoy eres un niño o una niña, pero serás una

mujer y un hombre de bien en el mañana. Y hay que empezar desde ya.

No hay vuelta atrás para la naturaleza y para muchas formas de vida en los océanos, ríos, bosques, selvas, praderas, etc. que ya no tienen nada que hacer por sus crías, pero tú puedes marcar la diferencia tomando conciencia. y no dejando que pase más, desde tu pequeño entorno hasta mucho más allá.

¡EMPIEZA YA!

Te lo debes a ti mismo y a todos. No mires para el otro lado cuando observas injusticias, sea de la índole que sean. No lo permitas, desde un animalito que es maltratado, enfréntate, un bosque que se está incendiando, basura tirada, aceite vertido en lugar de reciclado, plásticos lanzados al mar, agua desperdiciada.

Con estos simples ejemplos te demuestro que sí puedes hacer mucho.

Desde AQÜITÍN

PREPARAMOS CAMPEONES Y CAMPEONAS MEDIOAMBIENTALES, NATURALISTAS.

DEFENSORES DE LOS ANIMALES, LAS PLANTAS Y LA NATURALEZA TODA.

DEFENSORES DEL PLANETA.

Sección 5 Relato. "Los Castores del Elba".

A las márgenes cenagosas del río Elba huyendo en busca de mejor suerte llegó, una pareja de jóvenes castores. Acechada por numerosos enemigos, llegaron a un lugar que parecía tranquilo y con bastante alternativa de alimentos. La asustada pareja, era de las pocas sobrevivientes de su familia que en aquel entonces lograba escapar.

Cuando descansaron algo, comenzaron a construir su fortaleza y comentaban entre ellos que más tarde, en la parte más alta y escarpada, harían también algunos túneles para con mayor seguridad refugiarse. Tenían que estar siempre alertas, por si tuvieran que salir repentinamente y esconderse si se veían amenazados por algún peligro no previsto.

La casita había quedado auténtica, la hicieron con pedazos de palos y ramas secas traídas de aquí y de allá por la castora desde la orilla del río y que él impermeabilizó con lodo, tierra y junquillo. Su interior era muy acogedor, tenía varias cámaras y la entrada quedaba siempre cubierta por el agua.

La familia de los castores es realmente asombrosa, aprenden estas artes de sus padres que les enseñan que si el nivel del agua baja demasiado, tienen que talar árboles con sus poderosos dientes y construir rápidamente un dique para embalsarla.

Estas criaturas sólo necesitan para vivir, una ribera para construir sus castillos y para alimentarse plantas de corteza blanda prefiriendo a los sauces y álamos y complementan su dieta con hierbas. Muchas de las hierbas crecen en los juncales, de modo que no son muy selectivos en este sentido, sin embargo, a pesar de que se satisfacen con poco, sino tienen tranquilidad no pueden vivir.

Sus enemigos se multiplicaban por todas partes, las nutrias eran sus enemigos más cercanos, pero no los únicos, muchos asediaban a los castores y desde tiempos remotos sus antepasados fueron víctimas de persecución, su carne era considerada un plato delicioso, su piel era muy preciada y de su cola carnosa y ovalada hacían manjares y para colmo hasta su grasa se decía que era medicina mágica. Los pobres castores no tenían escapatoria, adonde quiera que se dirigieran estaban perdidos, la muerte hacía presa de ellos. De todos los depredadores que existen, tenían al peor de ellos por enemigo, el hombre.

Muy cerca de allí, se había establecido un viejo y ermitaño pescador, que amargado por su mala suerte, se le agrió el carácter, por lo que decidió aislarse de todos sus semejantes. Centurión como se llamaba el pescador, había sido maltratado desde que era un niño. Desde que se había quedado huérfano con tan sólo ocho años, el pobre vivía de lo que conseguía pescar con sus propias mañas y haciendo mandados a los vecinos del lugar. Para mayor desgracia, los pobladores se aprovechaban del niño, exigiéndole tareas mayores que el pequeño apenas podía hacer. Luego le pagaban con miserias, que sólo le alcanzaban para llevarse a la boca un poco de comida en las noches.

Por suerte para el joven Centurión, el tiempo pasó de prisa y al hacerse un hombre la suerte le sonrió y conoció a una buena mujer. Pero como el tiempo no hizo que su carácter mejorara y estaba tan amargado, el noble Centurión prefirió no hacerla sufrir más.

Por fin, ella nada tenía que ver con su lamentable vida anterior y sólo intentaba hacerlo feliz. El hombre, creyendo que su desdichada suerte podría hacerla infeliz también a ella, porque pensaba que su desgracia contagiaba a todo el que se le acercara, decidió alejarse.

Centurión no era tan viejo, sólo que con la descuidada barba que siempre le acompañaba, parecía un anciano, el sol del mar le había curtido la piel y afianzado las arrugas y unido a la tristeza que le abordaba el pelo se le había encanecido.

La casucha que Centurión se construyó, estaba a tan sólo unos metros de la fortaleza de la pareja de los castores que ya habían notado su presencia en el lugar, pero era época de aparearse y los jóvenes roedores estaban demasiado ocupados para echarle cuenta al intruso.
En las mañanas, el pescador salía a pescar río abajo y regresaba cuando se ponía el sol, de modo que llegada la noche caía como una piedra.

La primavera había llegado a los márgenes del Elba y con ella, todos los retoños reverdecían, los peces regresaban a sus nativas regiones y a Centurión no le quedaba otra opción que sentarse en la ladera del río a echar suertes, a ver si algo caía en sus redes, quizás algún pececillo rezagado.
Así pasaron horas y horas y el sol se escondió, fue entonces cuando decepcionado y con la mirada perdida le pareció ver movimiento bajo el agua.
Su asombro era extremo, eran castores los que nadaban tan cerca de él, jugando y retozando dos pequeños castorcillos bien rellenitos salían y entraban a las limpias aguas.

El pobre hombre tenía hambre, llevaba horas sentado allí sin pescar nada, sin embargo, aquellos animalillos llenaron de ilusión a sus tripas que no paraban de retorcerse. No sabía a ciencia cierta qué hacer, pero prefirió darse unos minutos más contemplando tanta belleza.

La castora antes del comienzo de la primavera había traído al mundo a dos pequeñuelos, que ya más ágiles y fuertes, osadamente aprendían a zambullirse con destreza en el agua.
Centurión nunca había visto castores por aquella zona y la impresionante escena de los juguetones pequeños, cual, si fueran niños, le conmovió profundamente, haciendo que regresaran sus mejores recuerdos de la infancia, cuando aún su madre vivía y le regalaba tanto cariño.
Era increíble, pensaba callado el humilde hombre, cómo la naturaleza les daba fortaleza a sus hijos y les brindaba sus favores. Centurión estaba maravillado de las cosas que veía hacer a las curiosas criaturas. Éstas se comportaban como seres humanos.
En el recorrido de su mirada, se percató que el nivel del agua había bajado y que muy cerca de los castorcillos, estaba una pareja de adultos castores que de seguro eran sus padres. Los adultos parecían muy ocupados trasladando pequeños troncos con sus patas y boca, sus movimientos eran fascinantes y la habilidad con que hacían el dique le entusiasmaba.

Debió haber sido por eso que los peces habituales se habían alejado, ahora comprendía muchas cosas.

Las criaturas que asombrado observaba tenían una inteligencia natural prodigiosa. Sin percatarse del tiempo, le cogió la noche y pudo ver terminado un hermoso dique, que, si no lo hubiera visto hacer con sus propios ojos, jamás creería que fue hecho por semejantes constructores.

Centurión había descubierto sentimientos desconocidos para él que hasta entonces le fueron negados, nobleza, bondad y su corazón crecía tanto dentro de su pecho que no cabía dentro de sí. La familia de castores era digna de vivir en aquel sitio, merecían una oportunidad y allí estaba él para dársela.

Así se lo propuso y en un tiempo prudencial que apenas se dio cuenta, puesto que su vida había cambiado tanto que quería recuperar todo el tiempo perdido. Las escenas presenciadas le dieron un giro radical a su vida, le dieron un sentido, lo que le daba ganas de empezar todo de nuevo y darse él mismo una esperanza, quería ser útil haciendo algo que lo hiciera sentirse orgulloso de sí mismo.

Pasaron varios otoños, inviernos y primaveras, antes de que aquel hermoso lugar acogiera a decenas de ejemplares de castores que hicieron suya la zona central del río Elba.

Así el pescador contribuyó en la adaptación de estas importantes y curiosas criaturas de la naturaleza, impidiendo que desaparecieran definitivamente. Para suerte de la especie, algunos conocedores de estos animales realizaron varias campañas años más tarde, trasladándolas a otras zonas más favorecidas, que hoy constituyen áreas protegidas.

La familia de castores fue muy feliz en la compañía de Centurión. El pescador volvió a la aldea en busca de su mujer que lo esperaba aún y se reconciliaron y también se rodeó de hijos y nietos que lo hicieron muy feliz.

Su vida cambió radicalmente llegando a ser un gran conocedor de estas criaturas y todos en la zona le consultaban sobre éstos. Hasta llegó a escribir un libro sobre sus formas de vida que actualmente es fuente de estudio de numerosos naturalistas.

En homenaje a los anónimos amantes defensores de la naturaleza.

Los castores vivieron en el tramo checo del Elba hasta el siglo 18 cuando fueron exterminados por el hombre. El último castor fue visto en 1722 en las afueras de la ciudad de Decín, situada a orillas del Elba, cerca de la frontera con Alemania.

En el 2001 una reducida avanzadilla de castores cruzó la frontera checo- alemana y apareció en el tramo del Elba entre las ciudades de Ústí y Decín, en Bohemia del Norte.

Río Elba en Alemania

FIN

Sección .6-Familiarízate con los conceptos de Aquitín.

Crea conceptos con Aqüitin, fijándote en la forma que aclara y define. Aprende estos y enséñalos a tus amigos.

<u>Conceptos según Aqüitin</u>:

<u>Sequía</u>: Escasez de agua en la que todos estamos implicados y es símbolo de miseria y muerte en los países del tercer mundo.

<u>Aqüinostalgia</u>: Sentimiento de añoranza que embarga a Aqüitin al recordar su niñez en lo que un día fueron los manantiales.

<u>Hoja de Vida</u>: Sucesos naturales de buena salud que vivió el agua antes de la intervención de los hombres.

<u>Efecto invernadero</u>: fenómeno catástrofico provocado por el hombre, en el que algunos gases tóxicos se acumulan en la atmósfera de la Tierra y absorben la energía infrarroja del Sol, provocando el calentamiento global del planeta.

<u>Tecnología</u>: Palabra que usan los ingenieros en sus invenciones y que no hacen más que copiar y descifrar la inteligencia de la naturaleza.

Incas: Imperio indio que donó su gran sabiduría en Ingeniería del agua

Cambio climático: Desastre natural del calentamiento global del planeta causado por el hombre.

Drenaje: Técnica antigua Inca muy útil actualmente que utilizaban para proteger los cultivos de las lluvias e inundaciones.

Geósfera: Referida a los suelos.

Biósfera: Incluye plantas y animales vivos.

Antropogénica: concepto que define la actividad del hombre que no incluye su fatídica contribución en la naturaleza.

Hidrósfera: Capa de la tierra que la conforman las aguas del planeta.

Atmósfera: Capa de aire que rodea a la tierra.

Antroposfera: es el medio geográfico y social en el que se desarrolla la vida humana y su actividad.

En las ciencias naturales, la tierra está compuesta por cinco capas, cada una de ellas con un medio y un componente que las caracteriza. Por ejemplo, la.. La geósfera, por los suelos.

La relación del hombre con el resto de las esferas del medio ambiente ha hecho que su impacto modificara los entornos o capas preexistentes.

Se dice que desde el siglo XXI la naturaleza virgen es casi imposible de distinguir. Al menos, en grandes espacios.

El hombre la ha modificado casi en su totalidad lo que se conocía como biosfera.

Sección 7.-Temas sobre el agua y biodiversidad.

Durante siglos, los ríos europeos se han utilizado como fuente de agua potable, alimento y riego, así como para el vertido de residuos domésticos e industriales, la producción de energía, el transporte , el ocio y el turismo.

Generaciones de seres humanos hemos alterado los ríos y utilizado su riqueza biológica y sus fértiles llanuras de inundación como base de nuestra economía.

La forma en que ahora utilizamos y gestionamos los ríos y las áreas palustres asociadas a sus llanuras de inundación está provocando daños medioambientales en todo el continente. La mayoría de las amenazas provienen directamente de la influencia humana:

Los planes hidroeléctricos, construcción de embalses, vertidos de residuos, intensificación de la agricultura, deforestación, urbanización, dragados, obras de ingeniería y variación del curso del río son algunas de las actuaciones del hombre sobre la naturaleza que sólo contribuyen por su mal manejo a empeorar las cosas.

Estas actuaciones han disminuido el valor económico, recreativo y cultural del río. La envergadura y el coste de la reparación necesaria para recuperar los ríos vivos aumenta constantemente. Muchas especies de invertebrados, mamíferos, aves y anfibios que dependen de los sistemas fluviales para su supervivencia se han visto mermadas en amplias zonas europeas.

Si a todo esto unimos las gravísimas consecuencias que provocarán los efectos del cambio climático.

¿Qué pasará con tantísimas especies de animales y plantas?

Los científicos usando modelos de simulación pudieron predecir los siguientes efectos en la atmósfera por gases invernadero y en menor grado en los aerosoles atmosféricos.

<u>Conclusiones de estos modelos</u>:

1-Calentamiento global promedio, de entre 1,5 y 4,5 °C

.

2-La estratosfera se enfriará significativamente.

3-El entibiamiento superficial será mayor en las altas latitudes en invierno, pero menores durante el verano.

4-La precipitación global aumentará entre 3 y 15%.

5-Habrá un aumento en todo el año de las precipitaciones en las altas latitudes, mientras que algunas áreas tropicales, experimentarán pequeñas disminuciones

De acuerdo con la Unión Internacional para la Conservación de la Naturaleza (IUCN), once especies europeas de peces están en peligro de extinción.

En España, el esturión desapareció debido a la pésima calidad del agua y la construcción de una presa en Alcalá del Río (Sevilla). Además, en 1932 se estableció a orillas del Guadalquivir una famosa fábrica de caviar que provocaba la sobre pesca de este pez.

Como el esturión, muchos otros pueden dejar de vivir si no actuamos pronto. Los proyectos de restauración son un importante paso para salvarlos; pero antes, hay que aprender a querer a los ríos.

Está claro que el pronóstico del inminente desastre del cambio climático que se avecina es muy cercano a lo que está realmente sucediendo actualmente.

Aclarando Contenidos

Antes de abordar el tema del cambio climático, resulta muy importante establecer las diferencias entre tiempo y clima.

Tiempo: Se refiere específicamente a la determinación del comportamiento y evolución de los procesos que gobiernan la atmósfera en las horas subsiguientes (12, 24, 48 y 72 horas, generalmente.

<u>**Clima:**</u> relacionado con el concepto de permanencia y en este sentido se ocupa del análisis de los procesos atmosféricos alrededor de sus valores promedio.

Los valores promedio son producto de la evaluación de observaciones de largos períodos de tiempo, generalmente no inferiores a 30 años.

También es definido como el conjunto fluctuante de las condiciones atmosféricas, el cual se caracteriza por los estados y evoluciones del tiempo en un lugar o región determinada o en el planeta entero, durante un período de tiempo relativamente largo.

Aunque básicamente las variables climáticas se relacionan con la atmósfera, los procesos atmosféricos predominantes en un lugar o región están relacionados con la superficie terrestre, incluidas las cortezas continental y oceánica y parte del manto superior (litosfera), los océanos, mares interiores, ríos y aguas subterráneas (hidrosfera) y las zonas terrestres cubiertas por hielo (criósfera).

Así mismo existe una estrecha relación de dichos procesos con la vegetación y otros sistemas vivos tanto del continente como del océano (biosfera y antropósfera).

Debido a que el clima se relaciona generalmente con las condiciones predominantes en la atmósfera, éste se describe a partir de variables atmosféricas como la temperatura y la precipitación, denominados elementos climáticos; sin embargo, se podría identificar también con las variables de otros de los componentes del sistema climático.

A través de la historia, se han presentado fluctuaciones del clima en escalas de tiempo que van desde años (variabilidad climática interanual) a milenios (cambios climáticos globales). Estas variaciones se han originado por cambios en la forma de interacción entre los diferentes componentes del sistema climático y en los factores forzantes.

Sección 8 Aprende más.
¿Qué son los gases de efecto invernadero (GEI)?

Son gases emitidos de forma natural y antropogénica (emitidos por la actividad humana) cuya presencia contribuye al efecto invernadero.

¿Por qué es importante entender cuáles son los gases de efecto invernadero? Y <u>los principales gases de efecto invernadero</u>:

Principalmente porque la acción del hombre ha sido crucial en su desarrollo. Por lo tanto, tenemos que entender qué acciones los emiten para poder reducir su efecto nocivo sobre la Tierra.

¿Qué es el CO2?

Es un gas que liberan los seres humanos y muchos animales cuando respiran, es el aire que sale de nuestra nariz. También llamado Dióxido de carbono.

Pero también está en la atmósfera lo mismo que el Oxígeno O2 y otros gases.

Y si lo explicamos más, diremos que el CO2 es una molécula formada por un átomo de carbono y dos átomos de oxígeno.

CONSECUENCIAS DEL EFECTO INVERNADERO:

El aumento de la <u>temperatura media terrestre</u> trae consigo la modificación de las condiciones de vida en el planeta.

El deshielo provocará una subida del nivel del mar y liberará más metano, entre otras consecuencias.

Deshielo de masas glaciares

El retroceso de los <u>glaciares</u> tiene, asimismo, sus propias consecuencias: la reducción del albedo—el porcentaje de radiación solar que la superficie terrestre refleja o devuelve a la atmósfera—, la <u>subida global del nivel del mar</u> o la **liberación de grandes columnas de metano** son solo algunas y todas ellas son dramáticas para el planeta.

Inundaciones de islas y ciudades costeras.

Los osos polares y otros muchos animales que viven en los polos mueren por falta de comida, ya que muchos de sus alimentos se encuentran en las profundidades cubiertas por hielo.

Según el Grupo Intergubernamental sobre el Cambio Climático (IPCC), durante el periodo 1901-2010 **el nivel medio global del mar se elevó 19 centímetros.**

Se estima que en el año 2100 el nivel del mar será entre 15 y 90 centímetros más alto que el actual y amenazará a 92 millones de personas.

Tendremos un gran problema los seres humanos, sobre todo las poblaciones costeras y que se asientan cerca de ríos y playas.

Huracanes más devastadores

La intensificación del efecto invernadero no ocasiona estos eventos climáticos extremos, pero sí aumenta su intensidad.

La formación de huracanes tiene que ver con la temperatura del mar—solo se forman sobre aguas que tienen, al menos, una temperatura de 26,51 grados Centígrados (C)

Migraciones de especies

Muchas especies animales se verán obligadas a migrar para sobrevivir a las variaciones de los principales patrones climáticos alterados por el aumento progresivo de las temperaturas.

También el <u>ser humano</u> tendrá que desplazarse: según el Banco Mundial, en 2050 el número de personas obligadas a huir de sus tierras por sequías extremas o violentas inundaciones podría llegar a los 140 millones.

Desertificación de zonas fértiles

El calentamiento global impacta profundamente en los procesos de degradación del suelo y favorece la desertificación de las zonas más áridas del planeta.

El calentamiento global impacta profundamente en los procesos de <u>degradación del suelo</u> y favorece la desertificación de zonas del planeta, un fenómeno que acaba con todo el potencial biológico de las regiones afectadas convirtiéndolas en terrenos yermos e improductivos.

Impacto en la agricultura y la ganadería

El calentamiento global ya ha alterado la duración de la estación de crecimiento en grandes partes del planeta. De igual manera, las variaciones de las temperaturas y las estaciones influyen en la proliferación de insectos, hierbas invasoras y enfermedades que podrían afectar a las cosechas.

Lo mismo sucede con la ganadería:

Las variaciones climáticas afectan directamente a las principales especies de múltiples formas: reproducción, metabolismo, sanidad, etc.

CONSECUENCIAS DEL EFECTO INVERNADERO EN LA SALUD HUMANA

El efecto invernadero también afecta directamente a la salud humana a través de:

La escasez de alimentos.

La Organización de las Naciones Unidas para la Alimentación y la Agricultura (FAO) afirma que **el** cambio climático afectará **la disponibilidad de alimentos:** en su último informe bienal sobre el estado mundial de la agricultura y la alimentación, alerta de que un descenso en la producción agrícola derivaría en la escasez de alimentos, afectando con mayor severidad al África subsahariana y al Asia meridional.

La propagación de enfermedades y pandemias.

Además de los problemas derivados directamente de la contaminación, la Organización Mundial de la Salud (OMS) afirma que **el calentamiento global provocará que <u>enfermedades infecciosas</u> como la malaria, el cólera o el dengue se propaguen por muchas más zonas del planeta.** Por su parte, el calor extremo aumentará y agravará los problemas cardiovasculares y respiratorios.

La disminución de la producción agrícola y ganadera traerá consigo la escasez de alimentos.

¿CÓMO SOLUCIONAR LAS CONSECUENCIAS DEL EFECTO INVERNADERO?

CON SOLUCIONES QUE INTEGREN A LOS HOMBRES; ANIMALES Y A LA NATURALEZA.

ALGUNAS PROPUESTAS:

-Reducir la emisión de los denominados gases de efecto invernadero —como el CO_2 o el CH_4— no es la única solución para frenar el efecto invernadero.

-Sustituir las bolsas de plástico por bolsas de materiales naturales reciclables.

-Usar energías renovables.

-Emplear el transporte público y otros medios no contaminantes, como el vehículo o la bicicleta eléctrica.

-Fomentar la concienciación ecológica entre los ciudadanos y las diferentes administraciones.

-Apostar por el reciclaje y la economía circular.

-Reducir el consumo de carne y el <u>desperdicio de alimentos</u>.
-Consumir <u>productos ecológicos</u>.

<u>BIBLIOGRAFÍA:</u>

- UNICEF 2020
- ONU Programa para el Medio mabiente. PNUMA 2021
- **Fundación Rews Aquae**
- La Cumbre Internacional de Adaptación Climática (CAS), enero de 2021 Soluciones pioneras a la emergencia climática tras la pandemia de COVID-19.
- **© 2021 Iberdrola, S.A**
- -MORAN,J.M.and M.D.MORAN., 1994.Meteorology:The atmosphere and the science of weather. Macmillan College Publishing Co.New York.
- -KELLY, M., 1996.. Tiempo: Global Warming and the Third World. Univ. of East Anglia, UK.